匡之文集 卷 5

Kuangzhi Personal Collection Volume 5

天下为公

The World Is for All

齐匡之 著

竹和松出版社

出版：竹和松出版社（Zhu & Song Press）

Zhu & Song Press, LLC

North Potomac, Maryland 20878

书名：天下为公

著者：齐匡之

责任编辑：朱晓红

责编信箱：editor@zhuandsongpress.com

封面设计：竹和松传媒

出版社网址：www.zhuandsongpress.com

印刷地：美国，英国

开本：8.27 inch x 11.69 inch

字数：15 千字

印次：2024 年 6 月第 1 版

发行：全球（中国大陆除外）

ISBN-13: 978-1-950797-44-8

ISBN-10: 1-950797-44-9

电子版 ISBN-13: 978-1-950797-45-5

电子版 ISBN-10: 1-950797-45-7

2006 年 7 月，安徽牯牛降

作者简介

齐匡之，笔名匡之。1950 年生于南京。籍贯天津。

是"老三届"一份子，曾插队高淳县顾陇公社松溪大队笠帽墩村。返宁后在南京市五金机械公司仓库工作，后任公司计统科专职商业情报员。就读于南京大学中文系，文学士。

曾辗转工作于数家企业，经历了国营五交化批发企业盛极而衰最后被外资集团收购兼并的全过程。

诗集《今夜无梦》和中篇小说集 《简单程序》千禧年由黑龙江人民出版社出版。另有数百篇文学作品散见于国内《诗刊》、《江苏文艺》、《新华日报》、《雨花》、《南京日报》、《青春》及香港《新晚报》、美国《世界日报》等各家报刊杂志。1986 年成为江苏省作家协会会员。

自上个世纪九十年代初不再给报刊投稿，闭门尝试感兴趣题材长诗创作，题材遍及两千多年前的牧野之战、十九世纪太平天国攻占南京及后来湘军攻陷天京、辛亥革命、二十世纪日军攻占南京、知青节拍等重大历史事件。

近年致力于"五古"（五言古体诗）的创作，所作一系列长篇五言古体诗，重点表现南京古城墙、雨花石、六朝建康繁华、历史胜迹、器与人之间关系、多维世界等，"以箫和歌"，体现南京悠久文化历史的独特魅力，实现形式和内容的统一。

目录

序 1
第一部 河山巨变 3
第二部 英雄辈出 50
第三部 人民觉醒 87

天下为公
——辛亥革命百年纪念

序

亚细亚
古老又古老的
土地……
　　新中国
　　年轻又年轻的
　　年纪……
一条江河
一道深深的
皱纹
　　一片密林
　　一件靓丽的
　　新衣
北京猿人的
化石前面
　　抬起肘
　　走来一名蹒跚学步的
　　孩子
他的眼睛
黑得像七月的
夜空
　　他的声音
　　嫩得像琥珀色的

蜂蜜
他看着化石
化石也看着
他
　　视线来来往往
　　交织着由衷的
　　亲密
他们无声地
热情攀谈
隔着一层薄薄的
玻璃，
　　就在这块
　　结满霜气的玻璃上
　　映出了
　　我的诗

第一部 河山巨变

1

这几个字
是数世纪奋斗的
目的
　　这几个字啊
　　在流血的望眼前
　　升起
岁月的潮水
倒涌进我的
心坎
　　思想的海拔
　　突破一个个
　　禁区
啊啊
血肉丰满的
四个字
　　气象万千的
　　这四个字啊
快让我
沿着闪电的线路
接过雷霆的
话筒

让所有人听见
"天下为公"
滚雷般的
涵义

天下为公
在钢轨上
运行
　　一座座里程碑
　　在地平线上
　　升起
天下为公
在纤夫的背绳上
接力
　　逆水行舟
　　花出了最大的
　　力气
天下为公
和江河湖海一起
汹涌
　　天下为公
　　与日月星辰一同
　　比翼
给千山万水带来
何其妖娆的
风光
　　把中国领进
　　灿烂明媚的
　　春季

凭栏
问什么是
天下为公的
条件
　　登高
　　望何处是
　　天下为公的
　　来历
啊，"大道之行也，
天下为公。
……是谓大同"
　　两千五百年前
　　孔老夫子
　　概要的
　　定义
啊，"民族
民权
民生"
　　三重元素啊
　　鼎立天下
　　奠定了大同的
　　定义
两位哲人
不约而同的
共识啊
　　铸就了
　　大同世界的
　　重器

让我的笔
我感情半导体的
传导元件
更高举起吧
　　收集思想太空
　　纵横恣肆的
　　信息

2

哦，中国
登上你一千层
落地窗明灭的
大厦
　　漫步你十万万顷
　　藤蔓牵绕的
　　田畦
发掘
填土层下
充满玄机的
龟板
　　解析
　　三星堆前
　　触目惊心的
　　玄秘
览阅
你蛮荒的
风貌啊
　　感受
　　你强大的

　　呼吸
三千里
飞火流烟……
　　八万顷
　　水深浪急……
你呀——
占地球四分之一的
黄色元素
　　你呀——
　　近一千万平方公里的
　　炙热土地
时代长河中
高潮迭起的
浪花
　　历史长空
　　辉煌博大的
　　星系

百年前的中国
一盏油干芯残的
枯灯啊
　　在新世纪的
　　强风面前
　　摇曳
一根根
朽烂的
制度铁链
　　拦住了
　　争相出海的

　　舟楫

一层层

蛛网似的

封建意识

　　碎成了

　　疾驰马蹄下的

　　粉齑

几千年来

一个王朝紧接着

另一个王朝

　　一个皇帝打败了

　　另一个皇帝

耗尽了

社会土壤中的

全部养分

　　奠定了

　　沙漠化的

　　惨烈专制

一条条

百姓弯曲的

脊梁啊

　　支撑着

　　沉甸甸的

　　紫檀木龙椅

一座座

龙卷风造型的

国库啊

　　吸空了

　　　　农家最后一粒
　　　　粮食
唯一过剩的是
横征暴敛
　　　　唯一多余的是
　　　　贪官污吏
唯一的待遇是
专制
　　　　唯一的头衔是
　　　　奴隶
帝制是唯一
压迫是唯一
奴化是唯一
　　　　贫苦是唯一
　　　　愚昧是唯一
　　　　苦难是唯一
普天之下
莫非王土啊
　　　　其他的人
　　　　生来就是一种
　　　　多余

防内的高墙
风化坍塌
　　　　攘外的篱笆
　　　　朽烂解体
列强
鹰隼般目光
紧瞅着牺牲

　　王朝
　　柔软的腹部
　　不堪一击
坚船
利炮
一起在耐心地
等待
　　那只孱弱的雄鸡
　　还撑得过几个
　　节气？

联拳灭教
一个昏庸的决定
紧跟着一万个
昏庸决定
　　"招团剿洋"
　　一万个凶险的危机
　　加剧了一个
　　凶险危机
义和拳
一剂凶猛的膏药
贴上了满清王朝
胸口
　　老态龙钟的身影
　　立刻痉挛抽搐
　　像一个失常的
　　疯子
占坛
一夜间摆满了

帝都街头
　　炮火
　　射向了东交民巷
　　使馆区
藏一根洋火
"八口同戮"
　　去一次教堂
　　家毁人毙
神幡
雷火扇
阴阳瓶……
　　终没挡住
　　八国联军的
　　铁骑啊
代价是
四亿五千万两
白银啊
　　庚子国变
　　一场匆促上演的
　　活闹剧

北中国
中央政府
浴血激战
仓皇出逃
　　南中国
　　十多省地方政府
　　与交战国
　　签下了和平协议

“矫诏……
断不奉”
　　一道道暗纹
　　结束了表面上的
　　统一
“东南互保”
一根坚硬锐利的
鱼刺啊
　　戳破了
　　大一统王朝的
　　喉器
1900 年
就这样拉开了
二十世纪的
大幕
　　百分百的
　　四分五裂
　　千万分的
　　荒诞无稽

帝制
庞大的官僚阶层
一口深不见底的
千年老井
　　一层层
　　井砖结构的衙门
　　维护着各自的
　　既得利益
腐败成风

露出了政府
臭烘烘的
屁股
　　愤怒的百姓
　　暗暗攥紧了
　　手中的板子
说什么
"祖宗之法
不可变"呵
　　变革的对象
　　就是你们
　　就是你

民间啊
是"无不有税"
　　国库啊
　　是"一空如洗"
百姓啊
是万念俱灰
　　官吏啊
　　是损公肥私
三天
就有一场
民变
　　每年
　　爆发多次
　　起义
雷和电
便一阵紧似

一阵了
　　带来了
　　五千年之未有的
　　大变局

啊，四万万颗心
切割磁力的
磁场
　　960 万平方公里
　　丰富宝藏的
　　矿体
一百年前
几名风尘仆仆的
"矿工"
　　鹤嘴镐旁
　　捧起了大同的
　　"矿苗"
"天下为公"
呱呱问世的
一声啼唤啊
　　震垮了
　　三千年封建社会的
　　殿基
北京在问
广州在问
上海在大声发问
　　——难道
　　做主的不该是
　　我们自己？

1911 年

太空滚动着

同盟会宣言的

惊雷

  满清王朝的马队

  在革命风雨前

  失蹄

君权垮台

神权完蛋

政权危机

  三层下巴的

  肥脖子

  预感到绞索的

  扣系

汹涌澎湃的

起义浪潮呵

一次甚于一次的

重击

  撞散了

  一扇破大门后面的

  旧世纪

辛亥革命

中国最伟大的

一次实践

  燎原冲天的

  一团火

  锋芒毕露的

　　一杆戟
同盟会宣言
是中国舵室的
罗盘针
　　三民主义
　　是导航台上的
　　六分仪
啊啊
大同的烈焰
驱散中华上空的
寒意
　　大同的洪流
　　荡涤中华大地的
　　浊泥
一座座冰山
在热力下
溶化
　　一片片新苗
　　在阳光下
　　崛起
一阵阵寒风
在望海楼前
消散
　　一队队青年
　　在出发点上
　　聚集

在穷丫鬟眼中
升起一片瑰丽的

霞光
　　在瞎农奴心头
　　布满多层温暖的
　　晨曦
累垮的雇农
面对着大同
直起腰
　　冻僵的童工
　　面对大同
　　笑露齿
大同是
封建中国的
唯一出路
　　是中国的太阳
　　雨水和
　　空气
漫山遍野的
苦菜花
骄傲地
生茎长叶
　　熔天炀地的
　　映山红
　　袒露出流光溢彩的
　　秘密
哦，让我们大声
大声述说
自己的态度吧
　　没有大同
　　我们就是畜牲

殉葬品
被捏着脖子使用的
工具

3

推开
总理遗训
厚铜大门一样的
沉重封面
　　睿智思想
　　字字钻石
　　在时间和空间
　　闪烁
在摧枯拉朽
炮火连天的
攻坚战中
　　涌现出一代代
　　忘我的
　　先驱

1911 年
辛亥革命光辉
在迷雾中
升起
　　中国啊
　　在荒漠化的边缘
　　喘息
大同的旗帜
铺天盖地

飘舞
　　普及着
　　民主的
　　意义

啊啊
让我
在望海楼上
回溯一百年前的
大同巨潮
　　让我
　　在天文台上
　　探索你星移斗转的
　　秘密
追寻你
惊天动地的
步伐
　　缅怀你
　　翻天覆地的
　　功绩

朋友啊
请和我一起
深思——
　　你的名字
　　为什么会
　　避免称呼一名
　　奴隶
那些

触目惊心的血迹
至今未干
　　连回想一番
　　也需要非凡的
　　勇气
对刺的刀刃啊
在残酷格斗中
变成绛紫色的
短锯
　　扣扳机的手指啊
　　睡梦中也改不掉
　　不由自主的
　　弯曲
想一想吧
莫轻易做出你的
回答
　　喊一声自己的
　　名字吧
　　倾听有没有
　　特殊含义

啊，这里是
同盟会总部
大同的摇篮
赞美你
赞美你
　　啊，这里是
　　《民报》编辑部
　　大同的学堂

　　赞美你
　　赞美你
千万双
涌出茅棚的脚印
像溪水
汇向大同阵营的
江河
　　千万双
　　晶莹明亮的眼睛
　　聚汇成大同阵营的
　　星系
生命和大同
形和影
不可分离
　　亲如骨肉血缘
　　日月星的
　　关系

我面前
分明是
如火如荼的
战斗画面
　　分明是
　　电闪雷鸣的
　　历史拷贝
油灯下起草的
《临时大总统宣言书》
不是化成了
四万万人民的

明灯
　　篝火旁宣读的
　　《国民政府建国大纲》
　　不是喷薄着
　　煅山铸海的
　　热力
你看啊你看
一份份报告的指针
不是开拓了
一代、几代人的
道路
　　你看啊你看
　　一片片檄文的东风
　　不是号召来
　　几万、几百万面
　　战旗
为大同运动
积蓄巨额的
精神财富
　　为前线斗争
　　输送大量的
　　精神武器
劈破黑夜
像震惊寰宇的
闪电
　　唤醒天下
　　像振聋发聩的
　　红旭
一切一切

从零开始
艰难做起啊
　　大同的萌芽
　　顶翻了三座大山
　　沉重的
　　岩石

4

既然
一根长成的小草
也是大自然的
征服者
　　辛亥革命
　　我为何不能
　　旁若无人地
　　赞美你
困难、挫折和打击
把天文数字引进
你的历史
　　没有强大的作用力
　　就没有同样大的
　　反作用力

捐军款了——
一把
汗淋淋的
铜板
　　一捧
　　沁出体香的

　　糙米
一筒
珍藏许久的
粗盐
　　一张
　　弹孔对穿的
　　纸币
还有
老矿工保存的
一小包炸药
　　还有
　　留学生打工的
　　积蓄
啊，冲锋前交给连长的
上百份
决心书
该不该在捐款中
统计？
　　啊，就义前塞进墙缝的
　　嘱咐妻子的遗书
　　算不算是
　　献给大同的
　　厚礼？

就是这
宣过誓的手臂
向满清重臣扔出了
炸弹
　　就是这

　　敌人重金悬赏的头颅
　　在酷刑前面
　　不肯垂低
骨头
可以吹箫
却不可绵软
　　万马丛中
　　争先去拔敌方的
　　军旗

哦，
从过去
同盟会开会
窗口堵严的
被单
　　到后来
　　民变风潮四起
　　抗粮抗捐
　　罢课罢市
大同洪流啊
滚滚奔向
出海口
　　掀起了
　　拍天大波
　　千万里
烈士陵前
滴滴鲜血化成了
丛丛红花
　　冲锋路上

步步脚印踩平了
迢迢崎岖
大同是
中国人的
命根子
是中国历史
继往开来的
维系
是破烂的封建社会
点石成金的
法宝
是东方地平线上
泣鬼惊神的
奇迹

忽然
平静的心跳啊
在保路运动的号召下
炸响
弥漫千年的
封建黑暗啊
在武汉首义的枪声里
消失
云南独立
广西独立
浙江独立
宣统王朝脚下
强烈地震超过了
十二级

让我们
向目瞪口呆的遗老们
透露一点
"军事秘密"吧
　　好让他们
　　搬弄浮肿的手指
　　计算自己的
　　死期

大雷雨
一阵接一阵
冲刷
　　强风暴
　　一次又一次
　　掀起
一次挫损
一次脱胎换骨的
煅烧
　　一个转折
　　一个出生入死的
　　契机
大浪淘沙
波连波
　　长风化石
　　力兑力
中国啊
铺就你道路的
鹅卵石
没有一块不是砥柱过

三万里激流

  中国啊

  筑成你大厦的

  琉璃瓦

  没有一块不是来自于

  一千度炉底

中国啊

面对你鲜血淋漓的

历史

所有文字的星群

黯淡了

  哦哦

  唯有一腔激情啊

  呼啸着

  情不可抑

5

我仰望

黄花岗烈士

陌生的

遗容

  我默诵

  武昌首义

  举枪怒吼士兵的

  名字

我倾听

临时政府官员

掷地有声的

会议讨论

　　我心仪
　　北伐大军旗手
　　前赴后继的
　　雄姿
啊呵，沿着
一个个光辉姓名
排列成的
轨道
　　历史列车
　　穿云破雾啊
　　日行千里

啊呵
檀香山
东京
　　中国反帝制阵营的
　　摇篮和
　　基地
同盟会
一座顶天立地的
大厦
　　千扇玻璃窗
　　日夜通明
　　犹如风暴前夜的
　　星云系
在临时总理的
办公桌上
　　在湖北军政府的
　　记录里

在发往各省市的
电波中
　　在起义士兵的
　　一本本日记
一个决定
立刻传遍队伍的
首尾
　　一条指示
　　动员了千百匹
　　马力
一切排列在
临时政府
眼前
　　一切记挂在
　　临时政府的
　　心里
啊，一夜夜灯光
染白鬓发
　　一双双眼睛
　　网满血丝
电话机前
喊哑了喉咙
　　大地图前
　　密集着影子
"我要湖北
请把《鄂州约法》
印刷两万份
全城散发……"
　　"我要广州

　　　　海外华侨的捐款
　　　　拨三万两白银
　　　　送往赣西"
啊，掌印的大手
茧花叠着茧花
　　　　啊，表决的声音
　　　　心意叠着心意

啊，临时政府
刺刀的
锋芒
　　　　响箭的
　　　　鸣镝
革命的
心脏
　　　　斗争的
　　　　中枢神经
正是为了
大同早一天
到来啊
　　　　临时政府
　　　　燃烧自己
　　　　燃烧黎明前的
　　　　火炬
那磨秃的
笔尖
　　　　那走烂的
　　　　鞋底
一刻钟瞌睡.

接着八小时
工作
　　　一块干馒头
　　　产出了通宵达旦的
　　　活力
每个人
都是十分成色的
真金
　　　每句话
　　　都像回响的钟声
　　　无远弗止
在实现大同的
热核反应中
　　　超过了
　　　聚裂巨变的
　　　临界体积
一个个省
一座座城市
一个个人
在连锁反应
　　　呼啦啦……
　　　蘑菇状的烟云中
　　　倒下一个
　　　旧世纪
啊啊，
千万人
在哨位上
奋斗终身啊
　　　万千人

在阵地上
前赴后继

——走大同道路
一个手势
把眼前的道路
指明
　　——建立合众政府
　　一句话
　　把四万万扇心窗
　　开启
一条条
远洋轮泊岸了
卸下海外华侨的
资助
　　一车车
　　海外志士归来了
　　编入了严重缺员的
　　军旅

北伐的
三路大军啊
扬起了漫天的
旗帜
　　三股铁流
　　迅速覆盖了
　　南中国的
　　土地
击灭了

企图复辟的
梦想
　　奠定了
　　中国第一个
　　大同政权的
　　地基
进军湘鄂
攻取江西
进占福建
　　会攻南京
　　挥师河南
　　突进山西
新疆易帜
热河易帜
东北易帜……
　　完成了
　　大同中国的
　　统一

6

欧罗巴
阿非利加
亚美利加
　　白皮肤
　　黑皮肤
　　红皮肤的
　　兄弟
篝火前
谈起中国

推翻帝制的
战斗
　　重重夜色
　　就迅速地
　　在眼前
　　消失
啊，报纸头条
挤满了"中国革命"的
电稿
　　车旅中
　　充耳可闻的是
　　"中国革命"的
　　传议
走中国人的
道路
　　像中国人一样
　　崛起
翻译成
五大洲各国的
语言
　　演绎出
　　二十世纪最重大的
　　史实
中国的今天
会是多少民族的
明天啊
　　中国的明天
　　将是民族、民权和民生
　　蔚为壮观的

　　喜期

啊，推翻帝制的
春夏秋冬
　　啊，人民当家的
　　日月天地
空前壮观的
盛况啊
　　史无前例的
　　创举
自由
像大江出峡
　　平等
　　如林海葱茏
博爱
似春雨普降
　　团结
　　像长城万里
每一届
基层政权的普选
一次大同意识的
提升
　　每一次
　　全民大会的召开
　　一次新北伐长征的
　　发起
大同在工厂
合成最坚硬的
金属

　　　在田野
　　　灌满沉甸甸的
　　　谷粒
在课堂
变成入木三分的
文字
　　　在城乡
　　　唤醒久已泯灭的
　　　意识

啊，仰望
腾云驾雾的
先驱
　　　啊，讴歌
　　　农工联盟的
　　　基石
镰和锤
用同样的好钢
铸成
　　　农和工
　　　同一战壕的
　　　兄弟
高压线
铁路……
不都是工人伸出的
热情的
臂膀
　　　稻仓
　　　猪羊……

不都是农人输出
辛劳的
凭据
给城市
无穷粮棉的
温饱
给乡村
无限机器的
动力
大同光辉啊
在千万万锤镰上
放射
纵天崩地裂
岂能更动
你特殊分子构造的
次序

7

当你
第一次
第一百次
为革命募捐
当你
第一百次
重复第一次的
誓词
朋友啊
你有没有感觉到
空气清新得像

晨雾中的
草坪

你是不是发现

前途展开了

全新的

意义

你能不能背诵
烈士仁人
掷地作金石声的
诗句

你会不会联想

寡母孤儿

含辛茹苦的

生计

你是不是也这样
打开书本
勤奋地
学习

你会不会也这样

抹一把汗水

以更努力的工作

代替了

休息

大同的旗帜
同烂漫朝霞一起
铺开

燃烧着

飞翔着

展开了金色的

翅羽

啊，就在绚丽
十分绚丽的
星辉中
　　就在灿烂
　　百倍灿烂的
　　霞光里
看啊看
梧桐树下
老同盟会员仍在
筹划
　　一幅幅规划图啊
　　精心构建
　　中国未来的
　　新衣
他们在
每一步脚印
都种下一棵
树苗
　　他们在
　　每一处宿营地点
　　都建成一片
　　林地
滴滴汗水
催生了高产优质的
良种
　　道道汗渍
　　牵来了银波荡漾的

　　水渠
他们的瞳仁
装着千万重树林
百万顷粮棉
　　唯独没有
　　他们自己
他们牺牲了
今天已没有人知道
他们的来历
　　甚至说不出
　　每一位辛亥烈士的
　　名字
但他们的生命
换来了相同光年的
社会的
进步
　　他们的每个举动
　　演绎出人生辞海中
　　更动人的
　　涵义

啊，辛亥革命纪念馆中
老炊事班长的锅勺
保持着热乎乎的
体温
　　北伐军旗
　　大气磅礴着
　　百年来的
　　风风雨雨

多少人
在弹雨中挺起胸
掩护幼小的
革命力量
　　多少人
　　在冲锋号声中立起身
　　举高迎风招展的
　　战旗

一些"革命党人"
追求一张党证
是为了诋毁它
　　他们真正的身份
　　隶属于封建主义的
　　编制
他们一千次地
用国父的名字
赌咒发誓
　　只为了
　　肢解国家利益
　　办成盛大的
　　筵席
有时候极左
像疯狂癫痫的
蠢驴
　　有时候极右
　　像老狼吃斋一样
　　可疑
多少次

"黑云压城城欲摧"啊
机会主义的白幡
遮住了
革命旗杆

    多少次

    "山穷水复疑无路"啊

    投降主义的严寒

    一遍遍推迟了

    革命春季

革命负伤了
白色恐怖的冰雪
猖獗一时

    革命又恢复了力量

    几十倍扩大了

    根据地

战士可以战死疆场
愤怒的眼睛啊
永不闭阖

    村落可以烧成灰烬

    复仇的意志啊

    决不灭息

把革命引向礁石的人
沦落为
最险恶的
礁石

    永远标志在

    革命的海图上

    留作教训和

    记忆

终于，刽子手们
手也抖了
萌生出了
怕意
  盛怒之师啊
  奋发出
  破纪录的
  战斗力

8

啊，这里是
突击队员坚持到最后的
战位
  焦坡上
  这片人字形的芳草
  孕育明媚的
  春季
啊，这里是
北伐英雄滚平的
雷区
  雷坑边上啊
  盛开着艳丽的
  矢车菊
一阵阵雷声啊
莫不是英雄们冲锋的
呐喊
  一道道闪电啊
  莫不是他们端起刺刀
  突袭

金戈铁马的
勇士
　　　鞭山驱海的
　　　先驱

啊，气势磅礴
像奔腾的大海
永不疲倦
　　　精神焕发
　　　像飞驶的列车
　　　鸣笛放气
我虽然
没有经历过
辛亥革命年谱
一分钟
　　　谁能怀疑
　　　我真挚的欢乐和
　　　欣喜
一百年前
推翻帝制的枪声
在耳边炸响
　　　一切奇迹的实现
　　　就仅仅是
　　　仅仅是时间的
　　　问题
我忽然
在百年庆典的
狂欢之夜
落泪

　　我离开
　　焰火晚会现场
　　独自地
　　深思

啊，四面八方的
群山啊
　　东西南北的
　　河溪
土，一样的
滚热
　　水，一样的
　　甜蜜
中国啊
第 104 种
元素
　　你每个分子
　　团结何等的
　　何等的
　　紧密
一支歌
唱给你
唱给你的
十万万
　　十万万支歌
　　唱给你
　　唱给你的
　　唯一
我所能想象

最美好的锦绣图案
在你身后
铺展
　　我所不能想象
　　更加壮丽的前程
　　在你面前
　　迤逦

啊，莫不是春雷
提示我心中的
诗句……
　　啊，莫不是瀑布
　　铺就我情感的
　　文体……
我最好的诗歌
不过是昏暗的
铜镜
　　怎来反映
　　银河系浩瀚的
　　星体
快给我
海面的稿纸
　　快给我
　　百鸟的言语
快给我
春光秋色的
颜料
　　快给我
　　日月星辰的

　　轨迹

写吧——

用夜空大写意的

礼花

　　用雨后七彩的

　　虹霓

写这样的诗

应该用

焊枪啊

　　读这样的诗

　　何妨用

　　霹雳

铺开 21 世纪

中国宏大的

施工图纸吧

　　图案和色彩

　　潮水般涌入了

　　眼底

从钢厂

千万吨的

产量

　　到产妇

　　营养身体的

　　一尾鱼

从大西北

绿化沙漠的

宏伟工程

　　到黎家小学生

　　跳绳比赛的

　　简单道具
啊啊，让我们
凭栏远眺吧
　　山青青
　　水绿绿
就在
山水掩映
之中
　　就在
　　海天交接
　　之际
万丈强光
向无限天宇间
放射
　　大同的旭日
　　庄严地、庄严地
　　升起
滔滔海浪
在大同的热力下
滚滚沸腾
　　我胸中哟
　　怎能不、怎能不
　　激荡最隆重的
　　情意

第二部 英雄辈出

当海潮

一次次

呼啸退去

　　它必将

　　气势磅礴

　　再次掀起

当夕阳

又一次

乘风西下

　　它定会

　　辉煌东升

　　气冲天宇

1925 年

一颗伟大心脏

庄严地停止

跳动

　　他已在黎明留言

　　宣布新一天

　　　开始

夜色哟
默默裁剪成
黑纱
　　　悲痛哟
　　　刺心锥肝的
　　　荆棘
啊，哀乐
哀乐浩荡
扯断亿万人的
心弦
　　　啊，泪水
　　　泪水如线
　　　牵连着久远的
　　　回忆
打开报纸
打开时代的
一扇窗
　　　看出去——
　　　东亚大陆
　　　痛苦蜷缩的
　　　躯体
花圈前
低下一排排
正视敌人枪口的
头颅
　　　惊叹号
　　　是追悼标语上

沉重的
泪滴

啊，南下
"归葬紫金山"
灵车啊
　　飞驰吧
　　飞驰
啊，沿途
千百座
高山啊
　　肃立啊
　　肃立
西域
乌云千叠
　　东海
　　水天合一
南疆
风骤雨狂
　　北国
　　雪压天低
这是什么时候啊
一切一切
统统失去
价值
　　一切一切
　　又具有极其重要
　　意义
快把

一千条瀑布
从峭壁上
拿起吧
　　这气势、这魂魄
　　才配做
　　写中国英雄的
　　诗笔

　　　　1

在二十
世纪
还背着学生书包的
年纪
　　地球啊
　　远不如地球仪那样
　　美丽
头悬高竿
"提高了"穷人的
地位
　　血流成河
　　花光了生命的
　　积蓄
活不起的穷人啊
在预征租税的账簿上
"延年益寿"
　　数不清的灾祸啊
　　像围棋棋子堵截着
　　一线生机

哦，观音土
涨破了孩子的
饭碗
　　哦，卖身女
　　"十七岁
　　换三斗米……"
大牢里
一半是仇恨
一般是冤屈
　　地图上
　　一半是监狱
　　一半是坟地
啊啊
天是磨盘
地是另一扇
　　碾碎了
　　饿得无声的
　　叹息

穷人啊
穷得像史前人的
影子
　　枯败的蓑衣
　　挡不住物价通胀的
　　暴雨
看，财阀的腰带
在各自的势力范围上
又放松了
几圈

　　看，党派的利益
　　向新一轮
　　政治赌场
　　博弈
轿车气缸
燃烧着石油工人的
血液
　　狐皮后座
　　倨坐着狮子犬和
　　斗鸡
霍乱菌
从飞机上输入了
灭绝政策
　　达姆弹
　　向落后民族拼写
　　殖民主义
啊，混沌
赤贫
　　啊，穷苦
　　委屈
椭圆形地球啊
你莫不是
一枚椭圆的
蛋？
　　一旦阳光孵化了你
　　破壳而出的
　　将是什么
　　神奇

突然
工人
震破的耳膜
鸣响起一个人的
脚步声
　　　贫农
　　　萎缩的视网膜
　　　闪烁着一个人的
　　　影子
我们
嚼惯树皮草根的牙床
咀嚼着
这个人的话
　　　冻结的血液
　　　陡然开始流动
　　　恢复了
　　　热力
孙中山
就在这个时候
出现在东方地平线上
　　　身后
　　　喷薄万千丈
　　　晨曦

啊，歌唱你
先行者
我翻开琴谱的
第一章
　　　我的笔

我感情的唱针
触及了
慷慨激昂的
旋律
同盟会宣言
是举向病床上
奄奄一息旧中国的
手术刀
不要麻醉
快把鸦片
和君臣之道
扫进历史的
垃圾
你在
如豆的油灯光下
疾书
你在
花瓣般的斗笠中
商议
你在东京
华侨集会上
慷慨陈词
你在檀香山
援华捐赠现场
疾声呼吁
再不能让
穷人缩短的裤带
再勒向自己的
脖子

是时候了
画一个句号
结束
悲惨岁月的
世袭

你从
广东乡村
弯曲的小路
走来
　　祖国的苦痛
　　通过视线的针头
　　刺激着你
闪电映亮了
孺子眼眸
　　雷声滚过了
　　赤野千里
只有民主
能救中国
　　只有三民主义
　　才是真理
你对山林这样说
密密树枝
便挂满了
义旗
　　你对江河这样说
　　咆哮波峰
　　便催快了
　　舟楫

松烟子灯下
那些蜡黄的面孔
紧瞅着你
　　　辘辘饥肠
　　　消化着
　　　火热的言语
让皇帝老儿
从宝座上
离开
　　　我们来到人间
　　　不是为了
　　　当一次奴隶
讨饭棍一样细的
胳膊
套上"工人纠察队"的
袖章
　　　枯柴禾一般的
　　　大手
　　　刷写"耕者
　　　有其地……"
第一个
留学生组织
　　　第一批
　　　农协会会员
第一届
同盟会代表大会
　　　第一次
　　　武装起义

抗粮啊
抗捐
　　　罢课啊
　　　罢市
反了湖北
反了湖南
反了广东
　　　反了四川
　　　反了福建
　　　反了江西……
檄文啊
多如三九天的
雪花
　　　弹头啊
　　　密似三伏天的
　　　暴雨
波澜壮阔的革命哟
掀起一座
一千座
高峰
　　　冲决一道
　　　一万道
　　　圩堤

2

就这样
"民族，民权，民生"
三个普通的
单词

　　三点一线
　　确定了中国革命的
　　目的
就这样啊
孙逸仙
一个普通的
公民
　　挺身而出
　　与战友肩并肩
　　擎托崩陷的
　　天地

中国航船啊
在历史的出海口
颠簸
颠簸
　　革命星斗啊
　　在翻卷的乌云中
　　迷失
　　迷失
听——
驾驶台上
巨人的
脚步
　　传话筒中
　　铿锵的
　　话语
"中国积弱，
非一日矣……

有志之士，
能无抚膺"
　　中国的前途啊
　　就这样
　　就这样
　　出现了转机

啊，英雄
胸横星斗
　　啊，英雄
　　气吐虹霓
风口浪尖
我看见——
你补天浴日的
智慧
　　你翻江倒海的
　　功绩
你气吞五岳的
才华
　　你叱咤风云的
　　魄力
万千红缨下
你起草
《北上宣言》
条例
　　嘹亮军号里
　　你宣讲
　　《讨袁宣言》
　　意义

群星啊
是你案头拂落的
灯花
　　日月啊
　　映照你忠诚的
　　心地

于是
县衙门
化成火焰的
山梁
　　逼租的铜锣
　　改唱起
　　"开仓赈米……"
松树炮
对峙榴弹炮
　　"单打一"
　　挑战"自动式"
舢板追击着
炮艇
　　手雷在机场上
　　"杀鸡"
一层层恶浪
在船首前
咆哮
　　一阵阵逆风
　　在墙橹前
　　伏击
一重重

翻卷的风云
在征途上
聚合
  一辈辈
  坚强的水手
  在战位上
  兴替
啊啊
人民
像从山洞里
畅然走到
阳光下
  自由交谈
  畅快呼吸
  收回自己的
  权利

遗老遗少
迫不及待套上了
耳机
  一遍遍发出
  "SOS"求救
  信息
他们世袭的爵位
忽然变成了
一条条罪证
  他们脆弱的耳膜
  承受着
  十万吨霹雳

革命开始了
敌人也离开沙发
坐上炮镜后的
座椅
　　刀尖对刀尖
　　争夺
　　每寸土地
　　每条小溪
弹片
耕犁着
田地
　　竹矛
　　掷向了
　　飞机
吸根香烟
躲三次空袭
　　吃碗米饭
　　吐一地弹皮
孩子
在隆隆炮声的
催眠曲中
长大
长大
　　父母
　　面迎敌人枪弹
　　冲锋着
　　死去
　　死去

啊，孙中山
你走上
广州、檀香山
讲坛
　　慷慨陈词
　　宣讲民主的
　　道理
"起共和
而终帝制"
　　"军法之治
　　约法之治
　　宪法之治"
你穿行
讨袁二次革命的
战壕
　　深思熟虑
　　布置黎明前的
　　攻击
你走出
白色恐怖笼罩下的
一次次兵变
　　力挽狂澜
　　争取到多数派的
　　支持
你踱入
陆海军大元帅
大本营
　　气势磅礴
　　迎来新时代的

　　红旭

啊哈，封建王朝
筑有几千年的
牢固基石
　　怎敌我
　　民主火山
　　汹涌爆发的
　　威力
一千把冲锋号
伴奏你的
命令
　　一万簇信号弹
　　张扬你的
　　决议
战旗潮水啊
漫平了
大沟深川
　　前进，进
　　开始了民主时代的
　　第一纪

啊，你
一百六十公分的
身高
　　你的高度啊
　　该怎样来
　　统计
从旧上海
包身工麇集的

“滚地龙”
　　到新落成
　　数十层高楼的
　　工人新居
从老佃户
饿得伛偻的
破弓一样的
脊背
　　到他的
　　飞行员小儿子
　　驾驶穿云破雾的
　　客机
啊啊，
宵壤之间的
差距
　　够不上
　　衡量你事业的
　　功绩
世界上
千万座高山
难以标注出
你的伟岸
　　你就是
　　东方的启明星啊
　　接受五大洲的
　　注目礼

啊，血雨腥风时代
在你面前

被关进
历史博物馆
　　啊，彩霞和碧浪
　　在你面前
　　开拓出广阔的
　　领域
晨风中
让我们检阅
鏖战的阵地吧
　　把经验和体会
　　在战利品表格上
　　逐一登记

回望当年
更上一层楼
百层楼吧
　　让视野
　　扩大到
　　无穷无际
天池水
因你而甜
　　苗岭竹
　　因你而绿
你是昭示幸福的
指南针
　　你是牵引历史的
　　发动机
你是
永铭历史太空的

启明星
　　你是
　　时代磁场的
　　南北极
在你的阳光下
精神焕发
　　在你的春风里
　　扬眉吐气
你的青春
永世长存
一代代少年
在民主思想光辉下
成长
　　你的生命
　　万古不朽
　　壮美河山啊
　　在民主道路上
　　逶迤
任何敌人
不能把我们
阻挡
　　任何力量
　　不能把我们
　　抗拒

当民主的力量
钢缆一般地
绞合起来
　　封建王朝

便在绞索上

痉挛

咽气

当同盟会旗帜

在一千万平方公里土地上

高高升起

真正开始了

一个巨人辈出的

新时期

3

看啊

两广总督署前

敢死队员

冲击的身影

东辕门外

与大队清兵

白刃搏击

飞舞的传单

在 4 月的街头

下雪

旋飞的战刀啊

染红了勇士的

血迹

准星啊

套进不可一世的

清军大将

口令哟——

大决战

　　有我没你
总督署的余威
在一场大火中
化成了
灰烬
　　黄花岗
　　七十二位烈士
　　从此笑傲
　　青史

驱除鞑虏
创立民国
脚步飞溅出
火星
　　政治天气
　　每一天都是
　　疾风骤雨
兴中会
华兴会
光复会
　　文学社
　　共进会
　　同盟会
啊，浩浩荡荡的
人群
　　浩浩荡荡的
　　战旗
浩浩荡荡的
组织

　　浩浩荡荡的

　　军旅

快消灭

满清王朝的

残渣余孽

　　枪膛中的

　　来复线

　　团团转得

　　发急

战笔啊

从砚台上舔净了

每一夜

　　黎明

　　便从同盟会的旗杆上

　　升起

谁心里

不是一派战斗的

豪情啊

　　向前

　　向着自由和民主

　　看齐

啊，两大阵营的胜负

在纷飞战火中

分晓

　　两大阵营的搏斗啊

　　在生死攸关的一瞬间

　　升级

黄龙旗的阴影

怎遮得
我锦绣山河的
壮丽
　　来自北方的寒流
　　无奈我
　　搏风斗雨的
　　志趣
几只螃蟹的秃螯
怎封锁得住
浩浩长江
淼淼黄河
　　我们——民主
　　他们——专制
　　炭和冰
　　岂可同器

啊啊
历史的
滚滚洪波啊
　　在二十世纪的
　　出海口
　　穿云裂石
辛亥革命
铲出的
第一锹土
　　培育出
　　民主意识的
　　万顷碧绿

哦，迈过
《总理全集》扉页
高大的
门槛
　　面前是
　　多少奇迹的
　　谜底
封建势力
和战斗力
为什么常常是
反比
　　镇压革命的
　　装甲舰
　　为什么变成了
　　火葬场的
　　铁抽屉
富饶中国
为什么会在
饥饿中
沉浮
　　中华土壤和气候
　　怎样才
　　断送掉
　　封建主义
啊，一回回
沐汗浴血的
斗争
　　一遍遍
　　出生入死的

　　实践
一年年
周而复始的
考验
　　一次次
　　深入骨髓的
　　分析
民主的太阳
辐射出耀眼的
光辉
　　显示出
　　不可战胜的
　　威力

啊，放眼
天下为公的
胸襟啊
　　朗读
　　战袍血书的
　　诗句
追思
峥嵘岁月的
壮烈啊
　　向往
　　贯扫长空的
　　虹霓
万户侯在面前
真正是
何足道哉

风流人物
迅速地
在此汇集

黄花岗上
不自由毋宁死的
疾呼声哟
定下了前进的
基调
　　黄埔军校
　　一队队年轻人
　　迎向火光开拔哟
　　成了炼钢的
　　铁矿石
敢死队员
在激流中
勇往直前的
舟楫
　　五大洲华人
　　慷慨解囊
　　捐款之后的
　　捐躯
旋转的星球
在民主的轨道上
运行
　　每一圈
　　都缩短了
　　大同世界的
　　距离

啊，一通通炮火
点燃了欢庆的
爆竹
　　一条条战壕啊
　　连接向新的
　　阵地

4

一遍遍
数不清天上的
星斗
　　一位位
　　点不完英雄的
　　名字
黄兴
张澜
孙武……
　　宋教仁
　　蒋翊武
　　刘复基……
不都是
民主山脉的
群峰
　　不都是
　　民主宇宙的
　　星体
控诉满清腐败
谁不是讲得

唇破血流
　　声讨黑暗社会
　　谁不是恨得
　　咬牙切齿

那不是
十八岁的
巴县青年
邹容吗
　　手执利刃
　　强割留日官员的
　　辫子
一篇《革命军》
洛阳纸贵
行销超过了
百余万册
　　不愿偷生
　　主动投狱
　　狱中瘐死
那不是
新化才子
陈天华吗
　　《猛回头》
　　《警世钟》
　　天下载誉
日本大森湾
蹈海而死
　　激励人心
　　杀身成义

那不是
番禺俊男
汪精卫吗
　　北京谋刺
　　满清摄政王
　　载沣
大清律令
凌迟处死
　　从轻发落
　　终生监禁。

那不是
福州学士
林觉民吗
　　广州起义
　　领先攻入了
　　总督府邸
"吾居九泉之下
遥闻汝哭声
当哭相和也"
　　《与妻书》墨迹未干
　　负伤被捕
　　从容就义

惠州起义
荣县独立
武昌光复
　　湖南独立
　　陕西独立
　　江西独立

然后是贵州
浙江和江苏
　　然后是广东
　　福建和广西
50 天内
15 省市
山崩似地
脱离清政府
　　中华民国
　　军政府
　　宣告成立
在南京
17 省区代表
大会上
　　孙中山当选
　　临时大总统
　　慷慨致词
封建王朝
两千多年历史
彻底结束了
　　天下为公
　　第一次成为
　　触手可及的
　　现实

然后是
袁世凯解散国会
通过《总统选举法》
　　宣布了

　　洪宪元年
　　接受帝制
然后是
"辫帅"张勋
拥戴废帝
"重登大宝"
　　"讨逆军"
　　进攻北京
　　溥仪二次退席
然后是
南京国民政府
武汉国民政府
北京安国军政府
三极对峙
　　二次北伐
　　新疆和热河易帜
　　东北易帜
　　中国统一
啊，民主中国的
生命
从 1911 年
开始
　　中国民主的
　　进程
　　永远也不会
　　中止
民主
和空气一样
无所不在

以此为界
人民的膝头
从此不再
触地

5

啊，东西南北
草木竞争着
返绿
　　啊，农工商学
　　心里荡漾着
　　春意
一次
一千次
拉动心中
猛轰封建主义的
炮闩
　　一步
　　一万步
　　跨越现实中国
　　与大同世界的
　　距离

啊啊
一组组精彩的
镜头
　　啊啊
　　一幅幅浩瀚的

　　图籍
我们说
英雄
就是在说
人民
　　正如两张照片
　　是同一张底片
　　冲洗
每时
焕发一种
十几种
色彩
　　每天
　　加深一层
　　几十层
　　意义

啊，中山陵
胸前白花
坠痛了我的
心房
　　啊，臂上黑纱
　　传递来一阵阵
　　寒意
日全食了
我走向
泪水汇成的
江河
　　我走向

　　低首志哀的
　　国旗
我在
呜咽的大海边
默哀
　　我在
　　黄花岗纪念堂前.
　　沉思

念着民主啊
祖国怎能不
万花盛开
　　唤着民主啊
　　人民怎能不
　　千古铭记
一个人的生命
积劳成疾
黯然逝去
　　他的存在
　　彻底改变了
　　历史

啊啊
真正是
豁然开朗了
　　一分钟
　　想通了
　　千年之谜
我们的心胸

欣然开阔
　　我们的志气
　　千番砥砺
看啊
在太阳
喷薄升起的
东方
　　在大海
　　汹涌澎湃的
　　潮汐
在民主斗争的
千秋事业
　　在民主建设的
　　万年大计
一代伟人
雄视百代
神采奕奕地
走来
　　和熙东风
　　轻拂着浅灰色的
　　大衣
他举起右手
世界
就憋住了
呼吸
　　他宣布
　　"历史
　　就从民主
　　开始"

第三部 人民觉醒

1

一片
白昼的
叶子
　　一片
　　黑夜的
　　叶子
在一根
黑白相间
叫做历史的
藤蔓上
　　成熟多少
　　春秋啊
　　蒂落多少
　　世纪

阳光下
近千万平方公里的
钻石
闪闪发光
　　一条棱
　　就足有
　　8843 米
你黄金铸成的
青藏高原
　　你白银垒就的
　　雪山冰脊
你盛满翡翠的
湖泊
　　你流溢酥油的
　　土地
啊，你力与智慧的
化身啊
　　你血与汗的
　　晶体
人——民
我的母亲
　　一千条江河声带
　　高呼起
　　"我爱你"

我爱你
林区般的
人群
　　我爱你

　　　　人群似的

　　　　林区

我爱你

历史的

丰富

　　　　我爱你

　　　　丰富的

　　　　历史

我爱

爱得深沉阿

　　　　我爱

　　　　爱得有力

啊，莫不是

为了塑造

人民的

形象

　　　　群峰

　　　　一座比一座

　　　　高大

　　　　一座比一座

　　　　壮丽

青年

城垛一样宽阔的

肩膀

　　　　姑娘

　　　　明湖一样深情的

　　　　眸子

老人

古树一样智慧的
前额
　　　孩子
　　　山雀一样活泼的
　　　足迹
清晨
我走在
上班员工的
早潮中
　　　黄昏
　　　我踏进
　　　农村丰收的
　　　晚霞里

啊，人民
人——民啊
　　　两个字
　　　顶天立地
竖起
是珠穆拉玛的
身影
　　　铺开
　　　是长江黄河的
　　　雄姿
一组
气势磅礴的
交响乐
　　　一部
　　　宏伟雄壮的

进行曲
你是
驮负世界的
大地啊
　　你是
　　支配万物的
　　动力
要把
唱给人民的歌曲
全部写下
　　会用光
　　古今中外
　　所有稿纸
啊，让歌声
展开翅膀
高飞吧
　　让蓝天容纳
　　我大气磅礴的
　　诗句

2

古代史
近代史
现代史
　　我翻开
　　一本比一本出色的
　　影集
奴隶社会

封建社会
民主社会
　　我穿越
　　一重比一重进步的
　　境域

啊，人民
在不同阶级的
字典中
　　你的定义
　　有着如此的
　　差异
地主花名册上
你们是两条腿的
牛马
　　资方财产簿里
　　你们是便宜的
　　机器
你们
浑浑噩噩的
贱民
　　你们
　　永劫难逃的
　　奴隶
吃猪狗食
用的却是
"高档家具"：
　　枣木站笼
　　和最新式的

进口电椅
你们的存在
垫高了统治阶级
座椅
　　你们的努力
　　激化了剥削阶级
　　贪欲
生
有无穷困苦
伴脐带一同
分娩
　　死
　　从一个地狱
　　走向另一个
　　地狱

啊，封建主义
几千年
黑夜
　　专制集权
　　上万仞
　　崎岖
1911 年
开始在
熠熠晨光中
消遁
　　人民
　　迎来了主人的
　　名义

不需要
为自己的
生存
　　向封建老爷
　　付出
　　年息
不允许
割开自己的
血管
　　把彤红的血液
　　交出
　　三分之一
这是
四十卷《罗马史》
生动的
思想
　　这是
　　麦迪逊宪政民主，
　　振聋发聩的
　　启迪
这是
装填炮弹的
炸药啊
　　这是
　　鲜血蘸写的
　　真理
中国
在实践
　　中国

　　在继续

啊，结束了——
枯萎笑容
嘶哑咳嗽
泣血呜咽
　　啊，开始了——
　　挺直腰板
　　自信眼神
　　响亮呼吁
人民
不再像正午影子
又瘦又小
　　而像影子一样
　　紧随他们
　　是巨大的
　　欢喜
快倒掉碗里的
观音土
　　快煮上香喷喷的
　　新大米
快穿上
三面新的
厚棉袄
　　快交出
　　收藏多年的
　　破血衣
斗争台上
雷霆紧接着

风暴
　　斗倒了
　　苛捐杂税
　　卖身契

唱起来啊
山谷的和声
久久地
回响
　　舞起来啊
　　大海的胸襟
　　起伏着
　　潮汐
请看
"北伐第一船"
窄长的
仓容
　　载来了
　　千山万水
　　郁郁葱葱的
　　新姿
伪装工事上
拆下来枝枝蔓蔓
柳条
　　长成了
　　挡风御雨的
　　绿堤
古老长城
按捺激昂的

脉搏
　　嵯峨峻岭啊
　　舒展紧蹙的
　　眉宇
富庶大地啊
再一次收获
希望
　　滔滔江河啊
　　又一次清澈
　　见底
第一次捧起
选民证
　　第一次步入
　　参政会议
啊，
忍不住
忍不住
流下泪水
　　伏下身
　　亲吻炙热的
　　土地

中国人
叱咤风云的
大鹏
　　挣脱锁链的
　　雄狮
春夏秋冬
是你鬃毛的

颜色
　　日夜阴晴
　　是你翻飞的
　　翅翼
啊，抚摸
经纬交织的
版图
　　欣赏
　　金丝银线的
　　绣刺
三万多公里
海岸线和
陆界
　　是我
　　一颗爱心的
　　周长啊
近一千万
平方公里的
土地
　　是我
　　炽热感情的
　　载体
大陆上
五十多个
阳光一样蓬勃的
民族
　　深海中
　　五千多个
　　海水一样湛蓝的

岛屿
从终年积雪的
藏南山峰
　　到长夏无冬的
　　海南宝地
从春天常驻的
云贵高原
　　到四季分明的
　　江淮流域
中国啊
每一块土地
流溢五彩
　　每一片山河
　　涌现奇迹

3

啊，让我
沿着岁月的
跑道
　　巡视
　　一个个节日的
　　营地
我诗行的琴弦
一遍多遍地
调校啊
　　我情感的基调
　　十年数十年
　　如一

99

无论我
写下何等精彩的
诗句
　　都笨拙得
　　像一块块
　　土坯

三月八日
一座高大入云
里程碑
　　标志着
　　妇女解放运动
　　兴起
消融了
封建主义的
冰刀雪剑
　　——奴婢
　　小妾和
　　娼妓
绽开了
新时代的
艳丽蓓蕾
　　——女警
　　女工程师和
　　女医师
工人、农民
半数由女性来
担任
　　科研、教育

　　半数由女性来
　　承袭
半数
仅仅是算术
简单的
分法啊
　　怎样计算
　　她们实际发挥的
　　巨大的
　　效率？

啊啊，
饱受苦难的
姊妹们
　　旧社会
　　最底层的
　　奴隶
女人身价
曾比牛羊的身价
还要低
　　女性惨死
　　曾像蚂蚁一样
　　无声息
祠堂的磨盘
借你们生命的重量
一次次试探古潭的
深浅
　　殉葬的阴影
　　逼你们活活走进

　　　　人间的

　　　　地狱

你死去了

顶多算得上

为东家省下三顿

糠窝窝

　　　　你即使活着

　　　　仅仅意味

　　　　老板账本上

　　　　百分之三百的

　　　　利益

"三从四德"

层层叠叠的

思想火坑啊

　　　　"女儿经"

　　　　敲骨吮髓的

　　　　精神木鱼

但你身上

没一根软弱的

骨头

　　　　直起腰来

　　　　旧观念就滚落进

　　　　尘泥

啊，多少母亲

村口送子参军

针针线线

缝进深情厚意

　　　　啊，多少姐妹

　　　拾起父兄的刀枪

　　　日夜磨拭

　　　刃口更加锋利

拼刺

丰富了祖传的

"女红"

　　　弹孔

　　　镂空了簇新的

　　　嫁衣

一日三餐

用地雷、石斧……

为八旗马队烹饪着

有"米"之炊

　　　窗下门边

　　　用弹道、箭影……

　　　把"抚台"、"统领"引向

　　　十八层地狱

啊，告诉我

告诉我吧

你——秋瑾

大义凛然走向

轩亭口刑场

　　　一步步

　　　逼退满清王朝

　　　心理防线上

　　　几多绿营兵力

《中国女报》

大通学堂

光复会
光复军
　　慷慨赴死
　　争做为革命牺牲的
　　第一位妇女
啊，告诉我
告诉我吧
你们——
唐群英和
郑毓秀
　　巾帼不让须眉
　　流露出
　　铁骨铮铮的
　　豪气
女国民会
女子参政同志会
女子参政同盟会
　　刺杀载沣
　　刺杀袁世凯
　　吓破了敌人的
　　肝脾
啊，告诉我
告诉我吧
你们——
女纺织工人
女记者
女律师
　　接过襁褓
　　怎样辛勤地

把民主中国
培育
中国变了
变化这样大啊
一百年
胜过十个世纪

从昨天
拉萨水牢中
扣烂皮肉的
镣铐
到今日
女领航员
描绘地图的
两色铅笔
从昨天
买一根绳
结束自己被侮辱的
生命
到今天
买一根绳
打点出国留学的
行李
啊，铁姑娘班
在百层梯田
翻飞的
云锤
啊，三八作业班
在22万伏超高压线上

带电作业的
工具
几度
誉满全球
何等
不可思议

啊，面对
最真实不过的
事实啊
我明白
这不是天赐的
奇迹
决不让
黑色裹脚布
再缠住女子的
思想
腰间一排排
弹匣中
压进足够的
警惕

4

啊，五月四日
万紫千红的
节日啊
青春的海
海的青春

活力的火
火的活力
浩浩荡荡而去
是青年大军
背影
波澜壮阔而来
是青年大军
铁骑
啊，健美
奔放
啊，热情
积极
我的诗句
忽然贫瘠得像一捆
稻草
怎来把
姹紫嫣红的青春
描叙

啊，天安门前的
传单啊
一卷卷
一张张
啊，天安门前的
青年啊
一队队
一批批
"还我青岛"
血书横空

如灿烂朝霞
　　"惩治国贼"
　　曹宅烈焰
　　似火山雄起
写好了遗书
争为国家
分忧
　　总罢课
　　总罢工
　　总罢市
撤销了——
国贼的
职务
　　拒绝了——
　　凡尔赛对德和约上
　　签字
多少青年志士
满腔愤怒啊
吹裂横笛
　　多少年轻战士
　　昂扬斗志啊
　　射红枪机
胸间
升落着
日月星辰
　　手中
　　翻腾着
　　雷电雪雨
牢底啊

不妨坐穿
　　真理啊
　　坚持不移

胸膛啊
扑上去堵哑了
机枪
　　在弹头和民众之间
　　竖起一座
　　盾牌
手臂啊
举过头托住了
炸药
　　在敌人和灭亡之间
　　建立了必然的
　　联系
"排哑炮……"
我去
　　"堵河决……"
　　我去
"援藏教育……"
我去啊
我去
　　"捐献骨髓……"
　　我去啊
　　我去
啊啊
真正
无私无畏啊

何等
可歌可泣
莫管它
真老虎、假老虎的
尾巴啊
摸一下
又有什么
了不起
在洪水猛兽般
困难前
跃跃欲试啊
在土崩瓦解的
障碍前
扬眉吐气

啊啊
着眼于
经纬线中的
一格格
巨幅画面啊
理想焰火
怎能不
一次次壮丽地
升起
写上青石
石破天惊
写上长空
千军卷席
打倒

不平等
　　铲除
　　不合理
消灭啊
贫困
　　废除啊
　　专制
让孩子的饭碗
装得
一样满
　　让肺叶
　　呼吸同样新鲜的
　　空气
让贫民窟的照片
永远地
在博物馆中
发黄
　　让每一条回家路
　　都连接
　　美轮美奂的
　　新居
啊，那将是何等
大快人心啊
　　何等地
　　畅快淋漓
这就是青年
终极的
目标
　　这一副重担

才配得上我们的

肩力

快让胸中的火焰

腾空燃烧

快让感情的潮水

冲越圩堤

为什么

人要睡觉啊

浪费了 8 小时

恨不能

一脚跨进

人间大同的

街区

用一颗颗年轻的心

作为杠杆的

支点吧

快举起

岁月的长臂

把理想变成

实际

升起来

升起来了

一轮冉冉的

旭日

冲上前

冲上前去

征伐腐恶的

前驱

年轻朋友啊

快从刀鞘中
抽出凛冽的
意志吧
　　云淡天高
　　月白风清
　　且把一腔豪情
　　遥寄

5

啊，五月的
第二个
星期日
　　迎来了
　　母亲节
　　惊喜
多少种籽
多少希望
在母亲期待中
复苏
　　每一颗心
　　每一双眼
　　在母亲感召下
　　美丽
一层层金黄
一层层湛蓝
　　一层层碧青
　　一层层翠绿
满街彩旗啊

像树叶
　　满山树叶啊
　　像彩旗
你看啊
北方麦海
与南方林海
比深浅
　　你看啊
　　东海桅杆
　　与西藏电杆
　　比稠密
你看啊你看
哪一双瞳孔
不放射出
幸福
　　你看啊你看
　　每一双手中
　　紧攥着
　　贺礼

啊，望不断
鲜艳舞衣啊——
长袍
筒裙
斗篷
　　啊，听不尽
　　动人赞美啊——
　　歌声
　　朗诵

　　乐曲
面对
母亲慈祥的
笑脸啊
　　谁心里
　　不铺满阳光
　　谁眉间
　　不蓬勃生机

小石匠笑声
像他的锤声一样
有力
　　母亲告诉他说
　　破山而入
　　就能找到幸福的
　　矿体
船老大瞳仁
像他的大海一样
深沉
　　母亲告诉他说
　　撒下最深的一网
　　就会捕到会说话的
　　金鱼
黎家姑娘心窝
像她的果林一样
香甜
　　母亲告诉她说
　　最棒小伙的视线
　　拴紧她背上的

　　　　斗笠
藏族青年胸膛
像他的草原一样
宽广
　　　　母亲告诉他说
　　　　手中捧起哈达
　　　　能牵来雪山上的
　　　　宝骥

啊，母亲
你用无私的爱
抚育伟大的
民族
　　　　呱呱落地
　　　　首先迎来的
　　　　就是母亲的
　　　　乳汁
额前的皱纹
为我们而生
——上学
工作
婚姻
　　　　终日的操劳
　　　　全献给了儿女
　　　　——饮食
　　　　服装
　　　　游戏
最爱玩的
那种玩具

　　最爱吃的
　　那种零食
最爱坐的
那把椅子
　　最爱哭的
　　那个故事
啊啊，
除了母亲
谁还会帮我们
记住
　　谁还会
　　永志不忘地
　　护守着自己
　　这一个
　　唯一

啊啊
唱给母亲的歌
化成了车间里的
电与火
　　催快了田野中的
　　锄和犁
向母亲走去
就如同走向
太阳
　　身影升高了
　　十米
　　百米
母亲的鬈发

一捧褪色的
青丝啊
　　青丝褪色啊
　　永不退役
儿女的锐气啊
一川透明的
秋水
　　锐气秋水啊
　　所向无敌
母亲
我噙着泪水
写下新一行
诗句
　　您的形象
　　正在长空中
　　焕发一千重
　　瑰丽

6

啊，我走在
锦线交织的
霞光中
　　我跻身
　　翡翠树林的
　　行列里
我醉心
光带一样的
高速公路

　　我抚摸
　　20 亿亩
　　可耕地
我怎能不
一遍遍呼唤
胜利的同义词：
人民
人民
　　我怎能不
　　如痴如醉地重复
　　人民的同义词：
　　胜利
　　胜利

从耸入云天的
层峦叠岭
我仰望人民的
伟大
　　从旋转乾坤的
　　瀑布冰川
　　我鸟瞰人民的
　　神奇
从流年转世的
春夏秋冬
推算新陈代谢的
规律
　　从彼落此起的
　　日月星辰
　　演绎永恒的

真理

啊，来吧
登上蜿蜒的
万里长城
　　朗诵
　　一首首古老的
　　史诗
倾听
每块砖
激跳的
心声
　　领会
　　兀立千秋
　　傲视百代的
　　心迹
啊，来吧
夸夸先人的
四大发明
　　把历史书
　　一口气读到
　　封底

啊，任何时代
任何形势
任何道理
　　只有人民
　　才是史诗的
　　主题

顺乎民心

山河添丰采

生活更精彩

 逆乎民意

 白天变黑夜

 冷热更加剧

你看啊

明亮又明亮的

眼睛

 强健又强健的

 躯体

向自然

索取万物的

大手

 创新业

 翻天覆地的

 智力

春天

鲜花一样烂漫的

学生

 秋季

 粮仓一样丰盈的

 农士

夏日

雷霆一样威猛的

兵伍

 冬令

 雪花一样冷静的

 技师

人民当家作主
这个
"我完全赞成"
        那个
        "我不同意"
停下拖拉机
就又启动
马铃薯基因的
编辑
        放下扳手
        就又编写
        自动化机床的
        程序
美好的爱情
在人民眼中
燃烧
        幸福的生活
        在人民面前
        开启
人民的地位
在历史地平线上
升高啊
升高
        人民的史诗
        在国家大舞台上
        继续啊
        继续
中国人
这就是说

智慧和勤劳
　　中国人
　　　这就是说
　　　尊严和荣誉
这就是说
没有任何力量
能够阻挡
　　　这就是说
　　　进取，再进取
　　　必定胜利
"中国……"
激动人心的
词汇啊
　　　"中国……"
　　　富于想象力的
　　　范例

7

啊，我的诗
即使是一组
亿万像素的
传感器啊
　　　也不能
　　　如实反映出
　　　中国人民
　　　神采奕奕
读者啊
你和我一样

激动啊
　　　我和你一样
　　　欢愉
快告诉我
怎样描绘
人民的觉醒
　　　太阳颜色……
　　　海潮笔触……
快教会我
怎样刻画
人民的新生
　　　群星字母……
　　　彩霞文体……
啊，我在
高炉炉膛中
观察
　　　啊，我在
　　　稻海麦浪尖
　　　收集
啊，拼读着
士兵的靶孔
　　　啊，复算着
　　　学生的习题
于是
钢铁分子
纷纷聚拢
　　　求知磁铁
　　　不疲倦地
　　　积蓄

四季如春的
气候
　　四海一家的
　　景气
江河一样
奔涌的
蜜糖
　　云团一样
　　繁密的
　　桃李
科学技术
让每个昨天
都变成了
远古
　　公元两千年
　　也落后成了
　　"中世纪"
学校——
身高
每天增加
一毫米
　　智力
　　日新月异
　　一千里
工厂——
所有的机器
由机器人来
操作

　　　　所有的仪表
　　　　由仪表盘来
　　　　控制
农村——
农产品
覆盖了大半个
地球
　　　　而农民
　　　　不足全人类的
　　　　千分之一
啊，我为
孩子的笑
而欢呼
　　　　啊，我为
　　　　人类的美
　　　　而神怡
我欢迎
光辉灿烂的银河
从云天
飞落大地
　　　　我欢送
　　　　汹涌澎湃的海潮
　　　　从脚边
　　　　卷走云际

稿纸啊
若是浩淼的
江河
　　　　我唱给人民的颂歌

　　就是无边无涯

　　大海

稿纸啊

若是无边无涯的

大海

　　我唱给人民的颂歌

　　就是无穷无际

　　天宇

从琴弓般的

长江大桥上

我倾听你

　　从星空般的

　　万室灯火中

　　我瞩望你

每一个开始

展现出不同的

局面

　　每一次成绩

　　都是上次的

　　十次幂

这就是

人民的中国

为什么

大有希望

　　这就是

　　中国的人民

　　为什么

　　可歌可泣

我看见
高山梯田
那多褶皱的
新衣
    我听见
    二百哩经济区
    渔网里满载的
    笑语
我在
戈壁滩上的
桃花汛中
放歌
    我在
    大沙漠深处的
    青纱帐里
    入迷
我的心
怎能不高飞啊
像乘风直上的
风筝
    我的心
    怎能不陶醉啊
    像晶晶莹莹的
    露滴

轰鸣的机器
突破层层
岩石
    每钻进一公分啊

　　　　都抗击着

　　　　强大压力

马达炽热

燃着脱贫致富的

理想

　　　　钻头尖端

　　　　镶着克敌制胜的

　　　　汗滴

高寒

高难

高压

　　　　高产量

　　　　高速度

　　　　高水平

自觉地

10 小时一班的

工时

　　　　你怎样计算

　　　　剩余劳动的

　　　　价值

奋不顾身

带伤跳进泥浆池

去搅拌

　　　　你怎样统计

　　　　抢救井喷的

　　　　效率

座座梯田

悬挂出一幅幅

图画

　　　　条条石坝
　　　　垒成粮产过长江的
　　　　天梯
数十万方石块
在凿子下
切割
　　　　在杠绳上
　　　　迁移
一茬玉米
连种四次
硬是斗败了老天的
脾气
　　　　一块薄地
　　　　连整五年
　　　　愣是报上丰收的
　　　　户籍
要水
水往高处流
　　　　要雨
　　　　旱年万坂绿
难怪你
乡野的色彩
一日三变呢
　　　　全部欣喜
　　　　早已超出了我
　　　　希望所及

写吧
为了今天

再写三百行
　　为了明天
　　再写一千句
铺展稿纸
连接无边的
土地田野
　　诗笔并举
　　加入无数的
　　车刀铁犁
那一行行
秧苗
　　那一条条
　　新渠
那一幢幢
高楼
　　那一排排
　　机器
那一串串
数码
　　那一组组
　　程序
不都是我
讴歌史诗的
姊妹篇
　　不都是我
　　壮志豪情的
　　诗歌体

万座山峦

举起雄伟的
臂膀
　　千条江河
　　拖曳玉色的
　　裙衣
请和我
一起放歌
高吭吧
　　请和我
　　一起饱览
　　妖娆风姿
补天浴日啊
跨山越海
　　指点山河啊
　　激扬文字
人民号列车
越过了一座座
里程碑
　　中国啊
　　请面向人民
　　再次敬礼

初稿于 1979 年 10 月
二稿于 1993 年 10 月